1

Yehuda Shenef

Praktische Einführung in die hebräische Schrift

schnell Hebräisch lesen und schreiben lernen an Hand geläufiger, schon vor dem Sprachstudium bekannter Namen und Vokabeln mit Tabellen und Erläuterungen zum Hebräischen und Jiddischen

Hebräische Sehtafel

Inhalt

Vorwort

Viele Lernwillige verlieren oft bereits nach wenigen Lernstunden ihr Interesse am Erlernen der hebräischen Sprache, setzen Kurse doch gewöhnlich relativ schnell eine recht gute Beherrschung der Schrift voraus. Die Tatsache, dass mit dem Erlernen einer neuen Sprache zugleich neben fremden Vokabular, grammatischen Regeln (und Ausnahmen), sprachlichen Besonderheiten auch noch unbekannte Buchstaben erlernt werden müssen, überfordert nicht wenige Lernwillige und entmutigt sie schnell. Für gewöhnlich wird außer Acht gelassen, dass muttersprachliche Kinder in aller Regel einigen zeitlichen Vorlauf haben, um die Schrift ihrer bereits im Alltag gesprochenen Sprache zu lernen.

Ich habe im Laufe der Jahre viele Leute kennengelernt, die sich sogar auch im Studium oder beruflich mit Judentum und Jüdischem beschäftigen, die aber trotz ihrer Nähe zum Judentum und der regelmäßigen Beschäftigung damit es nicht zustande brachten, die scheinbar hohe Hürde zu überwinden, mehr als nur einzelne Buchstaben eines Textes zu erkennen und damit letztlich zufrieden sein müssen: christliche Theologen, Fremdenführer auf jüdischen Friedhöfen und Museen, Mitglieder christlich-jüdischer Vereine oder deutsch-israelischer Gesellschaften, Genealogen, Historiker, Journalisten, Germanisten (die sich mit „jiddischen" Texten befassen), nicht zuletzt auch als russisch-stämmige Juden. Grund ist fast immer die Schwierigkeit mit den „fremdartigen" Buchstaben vertraut zu werden.

Doch sind Scheu und Abstand gegenüber dem Hebräischen im Grunde genommen grundlos, gibt es doch zahlreiche alltägliche Namen wie *Josef, David, Ruth, Michael, Elisabeth* oder *Daniel*, ganz allgemein geläufige Begriffe wie *Schalom, Amen, Uzi* oder *Halleluja*, geographische Eigennamen wie *Jerusalem, Bethlehem, Nazareth Jericho, Haifa, Zion* oder *Israel*. Nicht zuletzt gibt es auch noch viele

Gemeinsamkeiten zwischen hebräischen und den auf lateinischen Buchstaben basierenden Schriftsystemen westlicher Sprachen, wie auch zahlreiches gemeinsames und verwandtes Vokabular.

Durch den Rückgriff auf allgemein geläufige und vertraute oder schnell zu erschließende Wörter und Namen ist es nun aber ebenso schnell und leicht möglich, sich zunächst ohne zusätzlichen Ballast an fremden Vokabeln und Grammatikregeln, mit der hebräischen Schrift und Schreibweise und damit mit dem Alefbet vertraut zu machen und ganz schnell spürbare Lernerfolge zu erzielen.

Mit dieser praktischen Einführung soll nun also gerade diesem üblichen Problem beim Erlernen des Hebräischen und seiner Schrift Rechnung getragen werden. Die Methode dafür ist eine recht einfache, da auf die mit großer Wahrscheinlichkeit bereits vor dem Sprachstudium vorhandene Kenntnisse des Lernenden angeknüpft wird. Dem Lernwilligen, der sonst von fremder Schrift entmutig wird, kann so der gar nicht falsche Eindruck vermittelt werden, auf erhebliches, Vorwissen zurückgreifen zu können. Der recht schnelle Erfolg kann sich auf den weiteren Verlauf des Studiums nur günstig auswirken.

Die Praktische Einführung in die hebräische Schrift kann folglich zur Voraussetzung wie auch zur Begleitung vorhandener Lehrbücher und Kurse der hebräischen Sprache und Schrift als ein einfaches und effektives Hilfsmittel zur Seite gegeben werden, das Lernenden des modernen Hebräisch wie auch den Studenten biblischen oder mittelalterlichen Hebräisch und Aramäisch gleichermaßen einen schnellen Zugang auf dann doch nicht so gänzlich fremden Terrain zu ermöglichen.

In diesem Sinne allen Studierenden und Interessierten ein gutes Gelingen, *massel tof*.

Yehuda Shenef, 40. Omer 5778

Einführung

Einige erforderliche Informationen zum Hebräischen

1. Die hebräische Schrift ist Grundlage für die hebräische, die aramäische wie auch für die jiddische (jüdische) Sprache. Ihre heute gebräuchliche Form der sog. *Quadratschrift* (ketav meruba) weicht deutlich ab von der früher gebräuchlichen, wissenschaftlich als *paläo-hebräisch* bezeichneten Schrift ist zweieinhalbtausend Jahre alt, wurde in Babylonien entwickelt und ist die Schrift in der Bibel und Talmud aber auch mittelalterliche Werke oder aktuelle Grabsteininschriften verfasst sind. Die Quadratschrift ist auch heute noch gebräuchlich, wobei es wie in lateinischen Schriften auch, mittlerweile natürlich eine große Anzahl unterschiedlicher Schrift- und Drucktypen gibt.

2. **Die hebräische Schrift verläuft** anders als die auf lateinischen und griechischen Buchstaben basierenden Schriften nicht von links nach rechts, sondern **von rechts nach links**. Man muss sich also angewöhnen vom bisherigen Zeilenende aus die Worte scheinbar „rückwärts" zu lesen.

3. **Das hebräische Alefbet** – benannt nach den ersten Buchstaben *Alef* und *Bet* – **besteht aus 22 Buchstaben und 27 Zeichen.**

4. Anders als die lateinische Schrift kennt das hebräische Alfabet **keine Groß- und Kleinschrift**, jedoch nehmen **fünf** der **Buchstaben am Wortende eine andere**, verlängerte **Form** an. Auch wenn das ungewohnt ist, verfügt das Hebräische demnach also nur über 27 Zeichen, also nur etwa die Hälfte die man mit Groß- und Kleinschrift im Lateinischen, Russischen, Griechischen, usw. lernen muss. Im Arabischen oder Persischen verändern sich (fast) alle Buchstaben abhängig davon, ob sie am Wortanfang, in der Wortmitte oder am Ende stehen, oder einzeln, weil sich nicht alle Buchstaben mit anderen verbinden lassen, usw. Verglichen damit ist das hebräische

Schriftsystem aus Einzelbuchstaben nicht nur erfrischend einfach, sondern eigentlich das einfachste der Welt.

6. Da jedes Sprach-Schriftsystem unvermeidlich Probleme aufwirft, hat auch das Hebräische gewisse Eigenheiten. So werden in der Regel **Vokale nicht geschrieben**. Das deutsche Wort „Mund" würde man wahrscheinlich ohne den Vokal als *MND* schreiben. Das sieht mag natürlich etwas irritieren und kompliziert erscheinen, trifft aber auf das moderne Zeitungshebräisch schon längst nicht mehr im vollen Umfang zu. In klassischen Texten aus biblischer oder poetischer Literatur wird mit **punktierten Vokalzeichen** (ähnlich wie beim i-Punkt, den ü, ö, ä – Umlauten oder den französischen Akzentzeichen é, è oder ê, etc.).

Zum Erlernen des Lesens und Schreibens hebräischer Buchstaben ist das freilich unerheblich, da es im Wesentlichen letztlich nur auf Konventionen ankommt, die man als selbstverständlich erlernt, sobald man „im System ist", bzw. hineinkommt. Das ist in der Regel leichter, als es zunächst klingen mag. Auch im Deutschen begegnen uns eine Vielzahl solcher Konventionen, die für Außenstehende erst einmal zu begreifen sind, dass etwa ein Wort wie „Wiese" als *wihse*, also mit einem verlängertem i-Laut gesprochen wird und eben doch nicht so wie es geschrieben steht als „wi-e-se". Das e nach dem i bleibt stumm, aber woher weiß man das als fremdsprachlicher Lerner? Ohne weitere Information wird er „die Wiese" womöglich als „di-e Wi-e-se" aussprechen, was bestenfalls verwirrend sein könnte. Oder warum spricht *Schule* nicht als „skule" gesprochen, was übrigens der englischen Aussprache von *school* entspräche? Wir wissen von der Konvention, dass des sch-Laut im Deutschen aus der Kombination der Buchstaben s+c+h gebildet wird (im englischen hingegen durch ein bloßes s+h, weshalb der aus dem Deutschen übernommene Begriff eben „skul" gesprochen wird), ferner dass das e im Diphthong „ie" stumm bleibt, usw. Jemand der Deutsch als Fremdsprache lernt, womöglich gemeinsam mit dem lateinischen Alphabet kann das natürlich nicht auf Anhieb klar sein.

Entsprechend gibt es nun auch im Hebräischen eine Zahl von Konventionen die man wissen und damit voraussetzen muss. Das ist in keiner Sprache anders. Insgesamt gibt es ihrer im Hebräischen aber nur einige wenige, so dass auch der hebräisch sprechende Mensch von seiner Sprache den Eindruck ha, dass sie so gesprochen wie sie geschrieben wird. Etwas was ein englischer Muttersprachler angesichts zahlreicher Beispiele wie etwa *doubt* (daut), *double* (dabl) oder *soul* (sohl) wohl niemals wird behaupten können.

7. **Die Aussprache des Hebräischen** – und als erfreuliche Nachricht zum Schluss – **ist**, von wenigen Ausnahmen abgesehen mit **der des Deutschen weitgehend identisch**. Somit besteht da nun auch kein weiteres Hindernis. Man braucht keine eigentümlichen nasalen Laute oder auf- und absteigende Tonhöhen berücksichtigen, wenn man etwa Chinesisch lernen wollte.

Das hebräische Alefbet

Zeichen	Name	Lautwert	Aussprache
א	alef	---	
ב	bett	b, w	
ג	gimmel	g	
ד	dalet	d	
ה	he	h	betontes **h**
ו	waw	w	wie deutsches w
ז	sain	s	stimmhaftes **s**
ח	chet	ch	wie in Ba**ch**
ט	tet	t	
י	jud	j	
כ	kaf	k, ch	als **ch** wie in Ba**ch**
ך	kaf sufit	-ch	
ל	lamed	l	
מ	memm	m	
ם	memm sufit	-m	
נ	nunn	n	
ן	nunn sufit	-n	
ס	samech	ss	wie in Ku**ss**
ע	ain	---	
פ	pe	p, f	
ף	pe sufit	-f	
צ	zadi	z, ts	wie deutsches **Z**
ץ	zadi sufit	-ts	
ק	koff	k	
ר	resch	r	
ש	schinn	sch, s	
ת	taw	t	

x-*sufit* = Schreibweise als *End*buchstabe eines Wortes.

Das hebräische Alefbet besteht also aus 22 Buchstaben und da fünf von ihnen am Ende eines Wortes eine etwas abweichende Gestalt annehmen, aus insgesamt 27 Zeichen. Da es keine Groß- und Kleinschreibung, sondern nur diese einheitlichen, stets gleichbleibenden Buchstaben gibt, gibt es nicht allzu viel mit dem man sich vertraut machen muss – verglichen mit anderen Sprachen.

Dier Buchstaben des hebräischen Alefbets – und wer sich bei dem Wort an das griechische Alphabet erinnert fühlt – schon mal ganz liegt richtig, haben eigene Namen, die an die bekannteren griechischen Kopien anklingen. Tatsächlich haben die Griechen die Buchstabennamen aus dem Hebräischen übernommen.

Alef wurde zu Alpha
Bet wurde zu Beta
Gimmel wurde zu Gamma
Dalet wurde zu Delta
usw.

Anders als im Griechischen haben diese Namen im Hebräischen auch eine wortwörtliche Bedeutung.

Alef = Rindskopf
Bet = Haus
Gimmel = Kamel
Dalet = Tor, Türe
usw.

Wie man anhand der vorherigen Tabelle ersehen kann, bietet das hebräische Alefbet ein paar Besonderheiten. Neben den schon erwähnten Endformen, die fünf der zweiundzwanzig Buchstaben annehmen, gibt es für manche Laute, die im Deutschen nicht differenziert werden verschiedene oder gar eigene Zeichen. Zwei der Zeichen verfügen als bloße Lesehilfen hingegen über gar keine verbindliche Lautentsprechung.

Das Hebräische verfügt mit dem ש (schinn) über einen eigenen Buchstaben für den im Deutschen umständlich aus den Zeichen s+c+h kombinierten „sch-Laut". Im Russischen gibt es für den selbigen den Buchstaben *scha* ш, der wie man unschwer erkennen kann, aus dem Hebräischen entlehnt ist. Entsprechend verhält es sich auch mit dem im Deutschen gleichfalls mangels eigenem Buchstaben nur aus c+h kombinierten ch-Laut. Er wird im Hebräischen mittels der Buchstaben ח (chet) oder כ (kaf, chaf) wiedergegeben, ist also sogar zweimal vorhanden. Im Russischen entspräche dies weitgehend dem Buchstaben x (ch).

Ähnlichkeiten zwischen den Buchstaben

Anfänger können im Hebräischen bei Lese- und Schreibübungen auch darüber stolpern, dass einige der Buchstaben sich zunächst ein wenig ähneln. Darauf sei hier explizit hingewiesen und mit den Gegenüberstellungen der ähnlich erscheinenden Buchstaben sollen die dann vorhandenen Unterschiede verdeutlich und das Verständnis dafür bewusster werden.

Die Ähnlichkeit mancher Buchstaben sollte aber niemanden erschrecken oder gar zur Verzweiflung bringen, da wir es mit der lateinischen Schrift, die wir hier verwenden, ebenfalls mit Zeichen zu tun haben, die jemand, der sie gerade kennenlernt spielend durcheinanderwürfeln könnte. Nehmen wir etwa ein kleines m, das sich von einem kleinen n nur durch einen zusätzlichen Haken unterscheidet. Betrachten wir ein kleines c und ein kleines e, welches sodann auch schon wieder wie ein auf den Kopf gestelltes a erscheint. Wer könnte auf Anhieb ein kleines l (L) von einem großen I (i) unterscheiden? Man siehe auch die Ähnlichkeiten zwischen einem O und einem Q, die Spiegelungen zwischen einem q und einem p, einem d und einem b, usw. Es sind alles Buchstaben, die man als Neuling durchaus verwechseln könnte und wird, die uns aber nicht weiter irritieren, da wir die wesentlichen Details kennen und die selbigen verinnerlicht haben. Das kommt alles mit der Praxis und Wiederholung. Kein Grund zur Sorge also.

Dass beim Vertrautwerden mit dem Alefbet entsprechende kleine Hürden im Weg stehen, ist also nicht verwunderlich und muss auch niemanden erschrecken, der sich die obigen Beispiele in der lateinischen Schrift vergegenwärtigt hat. Wer nun also keine Mühe damit hat, ähnliche Buchstaben wie c und e oder d und b nicht weiter zu verwechseln hat das nötige Rüstzeug, um selbiges auch bei einigen wenigen hebräischen Buchstaben, die einander ähneln zu bewerkstelligen. Es ist nur eine Frage der Gewohnheit und lernen kann man nur, woran man sich gewöhnen will.

Auf den ersten Blick erscheinen die Buchstaben ב *Bett* und כ *Kaff* verwechselbar. Doch nebeneinandergestellt ergibt sich, dass sich der signifikante Unterschied zwischen den beiden Buchstaben am rechten auslaufenden Ende der Bodenlinie befindet. Während das *Kaff* (k) hier eine Wölbung nach innen aufweist, verfügt der Buchstabe *Bett* (b) hier über eine nach außen verlaufende Zacke. Der Buchstabe נ *Nunn* (n) erscheint hier als ein Bett mit verkürzten Linien, ohne eine Auszackung zu besitzen. Auch das פ *Pe* (p) weist eine gewisse Ähnlichkeit auf mit dem Buchstaben Bett, verfügt aber statt der geraden Linie oben über einen zusätzlichen sich nach rechts innen krümmenden kleinen Bogen.

ב כ נ פ   (modern)

בּ כּ נ פּ   (klassisch)

Die nächste Gruppe von Buchstaben mit relativ ähnlichen und anfangs mitunter verwechselbaren Buchstaben stellen die Zeichen ה *He* (h), ח *Chet* (ch)und ת *Taw* (t) dar. Betrachten wir nun aber auch diese Buchstaben genauer, so lassen sich auch hier die markenten Unterschiede relativ leicht bestimmen. Das *He* unterscheidet sich vom geschlossenen *Chet* durch seine Öffnung in der oberen linken Säule des Buchstabens, während das *Taw* wiederum oberhalb des linken Fußes über ein kleines Dächchen verfügt und am linken Fußende unten über eine zusätzliche Zacke.

ת ח ה

ה ח ת

Gerne verwechselt werden auch die Buchstaben ד *Dalet* (d) und ר *Resch* (r). Die Unterscheidung ist jedoch recht einfach. Während das *Dalet* am Zusammentreffen der senk- und waagrechten Linien rechts oben eine spitze Zacke nach außen nimmt, werden die beiden Linien beim Zeichen *Resch* durch einen gemeinsamen Bogen verbunden. Mit beiden könnte man nun auf Anhieb auch noch die Endform des Buchstabens *Kaff* verwechseln, die ein wenig wie ein *Dalet* aussieht, dann aber doch über die für alle Endbuchstaben charakteristische Unterlänge verfügt und deshalb recht eindeutig zu erkennen ist.

ך ר ד

ד ר ך

Gewisse Ähnlichkeiten haben nun auch die Buchstaben ג *Gimmel*, ו *Waw*, ז *Sain* und die Endform des Buchstabens ן *Nunn*, doch auch hier finden wir klare Kriterien vor, die es uns einfach machen, die Zeichen zu differenzieren.

ן ז ו ג

ג ו ז ן

Je nach verwendetem Schriftsatz sind auch die Buchstaben ט *Tett* (t), ס *Samech* (s) und die Endform des Buchstabens ם *Memm* (m) eventuell verwechselbar. Bei genauerer Betrachtung stellt man jedoch fest, dass das *Tett* im Gegensatz zum *Samech* nicht geschlossen ist, während dieses o-ähnlich erscheint. Von diesem unterscheidet sich sodann auch das *End-Memm* durch seine deutlich quadratische Würfelform. Zudem kann der Buchstabe in dieser Form nur am Ende eins Wortes erscheinen.

מ ס ט

ט ס ם

Die restlichen Zeichen des hebräischen Alefbet sind für sich genommen recht charakteristisch, so dass (sauber geschrieben) sie kaum mit anderen verwechselt werden.

א י ל מ ע צ ק ש

א י ל מ ע צ ק ש

Wie bereits erwähnt, sind manche der Buchstaben auch lautlich ähnlich. Neben den bereits vorgestellten ch-Lauten ח *Chett* und כ *Kuff* sind dies zunächst die Spiranten *Sajin*, *Samech* und *Sinn*. Während das *Sain* einen stimmhaften s-Laut bezeichnet, wie im Englischen das *z*, etwa im Wort *zoo* oder im französischen *zizanie*, entspricht das *Samech* mehr dem deutschen s ebenso wie das Zeichen *Sinn*, das ebenso geschrieben wird wie das *Schinn* (=sch). Das alles muss nicht weiter erschrecken, da es in der Praxis kaum eine relevante Rolle spielt. Verwechselt man mal den einen Buchstaben oder spricht ein s mehr oder weniger „stimmhaft" wie es sein sollte, macht das gar nichts aus, da man trotzdem verstanden wird, meistens. Droht bei der Verwendung von Schinn und Sinn dann doch mal eine seltene Verwechslungsgefahr, so hilft hier in der Regel die Punktierung, die die Buchstaben klar erkennbar markiert: Ist der Punkt oben links, so handelt es sich um einen s-Laut und den Buchstaben Sinn, befindet sich der Punkt oben rechts, dann ist es ein sch-Laut und ein Schinn. Gibt es keine Punktierung kann man getrost von einem sch ausgehen. Die Punktierung ist wie gesagt nur für einige wenige verwechselbare Ausnahmen, die alte historisch bedingte Schreibweisen tradieren. Auch in der deutschen Sprache gibt es ja bekanntlich verschiedene s-Laute und die Schreibweisen s, ss und ß, letzteres ist volkstümlich als „scharfes s" bekannt, wird historisch korrekt aber als „Es-Zet" bezeichnet, da hier tatsächlich die beiden Buchstaben s und z zu einem Buchstaben zusammengezogen wurden. In der Sütterlin-Schrift (und ihren zahlreichen Vorgängern) etwa gab es auch für den Buchstaben s noch abwechselnde Schreibweisen, je nachdem, ob sich der Buchstabe im oder am Ende des Wortes befand. Und neuerdings diskutiert man ja auch ernsthaft einen Großbuchstaben für das „Es-Zet" einzuführen. Man sieht, dass es Eigenheiten und Eigentümlichkeiten überall gibt und wir im Umgang mit ihnen keine großen Probleme haben, sobald wir mit ihnen vertraut sind.

Sinn שׂ – שׁ *Schinn*

Sicher wären verbindliche Regeln gut zu wissen, aber auch wo es sie gibt, gibt es immer auch Ausnahmen davon. Man vergleiche nur mal Schreibweisen und Aussprache von Wörtern wie Bus, Mus, Fluss, Fuß, usw. Schließlich gibt es im Hebräischen nun auch die beiden t-Laute ט *Tett* und ת *Taw,* die sich heute klanglich nicht mehr unterscheiden, früher aber unterschiedliche Dentallaute wiedergaben, ähnlich wie im Griechischen θ Theta und τ Tau. Das griechische θ Theta und das hebräische ת Taw wurden früher häufig mit „th" umschrieben, lediglich um den zugrundeliegenden Buchstaben auf diese Weise anzuzeigen. Einen praktischen Sinn hat es nicht, stiftete aber immer wieder für Verwirrung, da man zumal im Englischen eine falsch „th"-Aussprache hineinreimte.

Die beiden Zeichen א Alef und ע Ain haben im deutschen keine Entsprechung. Sie repräsentieren weder Vokale noch Konsonanten, sondern dienen als Lese- und Betonungshilfen. Im Jiddischen jedoch sind es die Vokale: a und e.

Buchstaben als Zahlen

Das hebräische Alefbet bietet dem Lernenden nun noch eine Besonderheit, die es ein wenig erleichtert, sich seine Abfolge einzuprägen: **die Buchstaben sind zugleich Zahlzeichen**.

Der Reihe nach bilden die hebräischen Buchstaben die Zahlenwerte die Einer 1-9, dann die Zehner von 10-90 und schließlich noch die Hunderter von 100 bis 400, macht zusammen 22 Buchstaben als Ziffern. Mit ihnen werden alle anderen Zahlen die man benötigt zusammengebastelt. Die Zahl 32 etwa besteht sodann aus dem 30 und 2 zusammengestellt, die Zahl 500 aus 400 und 100 kombiniert. Logisch, dass man damit keine Mathematik im modernen Sinn betreiben kann, weshalb natürlich im heutigen Gebrauch die weltweit üblichen indischen Zahlen gibt. Aber man bedenke, dass international auch römische Ziffern gebräuchlich sind (etwa für Jahreszahlen in US-Filmen oder zur Nummerierung in Büchern, etc.), die nur einige wenige Zeichen besitzt die in noch komplizierterer Weise kombiniert werden müssen: Aus nur sechs Buchstaben I = 1, V = 5, X = 10, L = 50, C = 100 und M = 1000 müssen alle anderen Zahlen gebildet werden, wobei es auch noch darauf ankommt, wo die einzelnen Buchstaben platziert werden, denn IX ergibt 9, während XI den Wert 11 anzeigt.

Die hebräischen Zahlschreibweise durch Buchstaben findet man heute vor allem in Datierungen, meist auf jüdischen Grabsteinen. Antike und mittelalterliche Mystiker investierten viel Energie und Zeit darin, sog. Zahlenwerte von Wörtern und Sätzen zu errechnen und vor allem zu vergleichen. Da jedes hebräische Wort aus Buchstaben besteht, die zugleich auch eine Zahl darstellen, kann man die Summe der Buchstaben als Zahlen addieren. Das Wort אדם *adam* (Mensch, Person) beispielsweise ist nummerisch als 1-4-40 notiert, weshalb Adam also den „Zahlenwert" 45 hat. Mystiker vermuteten nun, dass Wörter mit dem selben Zahlenwert miteinander in Verbindung stünden. Das vielleicht bekannteste

Beispiel für diese Art von Spekulation ist womöglich die berühmte Zahl 666 aus der christlichen Apokalypse des Johannes. Wie dem auch sei, ist die Zuordnung der Buchstaben als Ziffern zweifelsfrei eine sehr gute Lernhilfe, um sich Reihenfolge und Schreibweisen einzuprägen.

Name	Zahl		Buchstabe
Alef	1		א
Bett	2		ב
Gimmel	3		ג
Dalet	4		ד
He	5		ה
Waw	6		ו
Sain	7		ז
Chett	8		ח
Tett	9		ט
Jud	10		י
Kaff	20	ך	כ
Lamed	30		ל
Memm	40	ם	מ
Nunn	50	ן	נ
Samech	60		ס
Ain	70		ע
Pe	80	ף	פ
Zadi	90	ץ	צ
Kuff	100		ק
Resch	200		ר
Schin	300		ש
Taw	400		ת

Übung mit bekannten (deutschen) Vornamen

Um nun mit der hebräischen Schrift und ihrer Anwendung praktisch vertraut zu werden, wollen wir uns nun paar gängige (nicht immer so) deutsche (aber doch hierzulande recht geläufige) Namen in hebräischer Schreibweise ansehen. Dabei ist zu beachten, dass der Name meist hebräisch *umgesetzt* wird. Falls erforderlich sollten die Schreibweisen mit dem beigefügten Alefbet verglichen werden, um die einzelnen Buchstaben zu identifizieren. Die Auflistung ist nach dem Hebräischen *alefbetisch*.

Für die Umschreibung fremder Laute existieren im Hebräischen ein paar bestimmte Regeln. Der Diphthong *ai* oder *ei* wird am Anfang eines Wortes als איי (alef-jud-jud) wiedergegeben, ansonsten nur als יי (jud-jud), vergleichbar mit der holländischen ij-Schreibweise für den selben ai-Laut. Das W wird mit *zwei* Waw geschrieben וו – was dem französischen *double-vé* und dem englischen *double-u* entspricht. Ein o-Laut wird oft mit *alef-waw* או umschrieben.

Bevor es nun losgeht, nochmal der **Hinweis**, dass Hebräisch von *rechts nach links* geschrieben und gelesen wird.

Eduard	אדוארד
Adolf	אדולף
Otto	אוטו
Oskar	אוסקר
Iris	אירים
Albert	אלברט
Alexander	אלכסנדר
Angela	אנגלה
Andrea	אנדראה
Anton	אנטון
Erich	אריך

Arthur	ארתור
Boris	בוריס
Barbara	ברברה
Bert	ברט
Bernd	ברנד

Georg	גאורג
Günther	גינטר
Gerhard	גרהרד

Dagmar	דגמר
Dieter	דיטר
Doris	דוריס

Heinrich	היינריך
Heinz	היינץ
Helmut	הלמוט
Hans	הנס
Herbert	הרברט
Hermann	הרמן

Walter	וולטר
Wilhelm	וילהלם
Wolfgang	וולפגנג
Veronika	ורוניקה

Johann	יוהן
Julia	יוליא
Jürgen	יורגן

Christian	כריסטיאן

Christoph	כריסטוף

Ludwig	לודוויג
Luise	לואיזה
Lena	לנה

Max	מקס
Margot	מרגוט
Margit	מרגיט
Martin	מרטין
Maria	מריא
Mario	מריו

Sabine	סבינה
Stefan	סטפן
Stefanie	סטפני
Sibylle	סיבילא

Paul	פאול
Peter	פטר
Pascal	פסקל
Frieda	פרידה
Friedrich	פרידריך
Fritz	פריץ
Frank	פרנק
Franz	פרנץ

Karin	קארין
Kevin	קווין
Claudia	קלאודיה
Karl	קרל
Karoline	קרולינה

Kerstin	קרסטין

Ralf	ראלף
Rolf	רולף
Robert	רוברט
Rosie	רוזי
Roland	רולנד
Rita	ריטה
Rainer	ריינר
Richard	ריכרד

Thomas	תומאס
Theodor	תיאודור

Übung mit bekannten hebräischen Vornamen

Da nun eine Reihe der Buchstaben bereits eine gewisse Geläufigkeit haben dürften, können wir nun daran gehen, es mit bekannteren hebräischen Vornamen zu versuchen, von welchen einige so gängig sind, dass man ihren Ursprung fast vergessen hat. Es gibt recht viele von ihnen im deutschen Sprachgebrauch, mal alltäglich, mal weniger populär manchmal weicht die ursprüngliche hebräische Form von der deutschen Gebrauchsform ein wenig ab, aber das ist kein Problem. Wo es solche Abweichungen gibt, sind sie in der mittleren Spalte kurz erläutert.

Abraham		אברהם
Adam		אדם
Aaron	aHaron	אהרון
Hiob	i-jow	איוב
Elia/s	el-jahu	אליה
Elisabeth	eli-*schewa*	אלישבע
Elieser		אליעזר
Esther		אסתר
Ephraim		אפרים
Ariel		אריאל

Ben		בן
Benjamin	b*i*njamin	בנימין
Baruch		ברוך

Gabriel		גבריאל
Gabi		גבי
Gabor	g*i*bor	גיבור

Deborah	d*w*ora	דבורה
David		דוד
Dan		דן

Dina		דינה
Danny, Dani		דני
Daniel		דניאל

Abel	*hew*el	הבל
Hosea	ho*sch*ea	הושע

Zacharias	*s*achar-*ja*	זכריה

Eva	*cha*-wa	חוה
Chaim		חיים
Anna, Hanna	*ch*ana	חנה

Tobias	to*w-j*a	טוביה

Juda/s	*jeh*uda	יהודה
Judith	*jeh*udit	יהודית
Jehoschua		יהושע
Joachim		יואכים
Johann	jo*chan*an	יוחנן
Josef		יוסף
Jakob	ja'*a*kow	יעקב
Isaak	ji*tz-ch*ak	יצחק
Jeremias	*jir*-me-ja-hu	ירמיהו
Josua	jo-s*ch*ua	יושע
Ismael	*jisch*-ma-el	ישמעאל
Israel	*j*is-ra-el	ישראל

Kohen		כהן
Kaleb		כלב

Leah		לאה
Levi		לוי
Laila		ליילה
Lilith		לילית

Magdalena		מגדלנה
Micha		מיכה
Michael		מיכאל
Menasse	mena-*sch*e	מנשה
Mordechai		מרדכי
Miriam		מרים
Moses		משה
Matthias	ma-*tit*-ja	מתתיה

Noah	no-a*ch*	נח
Nahum	na-*ch*um	נחום
Naomi		נעמי
Nathan		נתן

Amos		עמוס
Emanuel	*im*-anu-el	עמנואל

Ruben	ru*w*en	ראובן
Rebekka	r*iw*ka	רבקה
Ruth		רות
Rahel	ra*ch*el	רחל
Rafael		רפאל

Saul	*scha*-ul	שאול
Sulamith	*schu*-la-mit	שולמית
Salome	*scha*-lo-me	שלומה
Salomon	*schlo*-mo	שלמה

Salman		שלמן
Susanne	*scho*-*scha*-na	שושנה
Samuel	*schmu*-el	שמואל
Simon	*schi*-mon	שמעון
Samson	*schi*m-*sch*on	שמשון
Sarah		שרה

Tamar/a		תמר, תמרה

Übung mit geographischen Namen

Um weiter mit den hebräischen Buchstaben vertraut zu werden, sehen wir uns als nächstes einige vertraute geographische Namen an, die in der deutschen und hebräischen Sprache (weitgehend) übereinstimmen. Wo es Abweichungen in der Aussprache gibt, wird dies wieder in der mittleren Spalte aufgezeigt.

Augsburg	*o*gs-burg	אוגסבורג
Österreich	*o*stri*a*	אוסטריה
Australien	*o*strali*a*	אוסטרליה
Izmir (Smyrna)		אזמיר
Atlanta		אטלנטה
Italien	*italia*	איטליה
Ingolstadt		אינגולשטטדט
Europa	*e*ropa	אירופה
Iran		איראן
England	*a*nglija	אנגליה
Amerika		אמריקה
Istanbul		איסטנבול
Asien	asi*a*	אסיה
Afrika		אפריקה
Athen	a-t*u*-na	אתונה

Bayern	ba-*wa*r-*ia*	בוואריה
Böhmen	bo-*he*-m*ia*	בוהמיה
Bonn		בון
Belgien	bel-gija	בלגיה
Brasilien	bra-sil	ברזיל
Brüssel	br*i*-sel	בריסל
Barcelona		ברצלונה
Berlin		ברלין

Guatemala		גואטמלה
Georgien	georgi*ja*	גיאורגיה
Genua		גנואה
Deutschland	german-*ja*	גרמניה

Dortmund		דורטמונד
Detroit		דטרויט
Donau	*danuba*	דנובה
Dänemark	d*en*mark	דנמרק

Havanna		הוואנה
Hong Kong		הונג קונג
Heidelberg		היידלברג
Hiroshima		הירושימה
Hamburg		המבורג
Hannover		הנובר

Washington		וושינגטון
Wien	wi-n*a*	וינה
Venedig	we-ne-*zia*	ונציה
Worms		וורמס

Kuwait	ku-w*et*	כוויית
Calcutta		כלכותה

Libanon	*Le*-*w*a-non	לבנון
London		לונדון
Liverpool		ליברפול
Leipzig		לייפציג
Lichtenstein		ליכטנשטיין

Mainz	ma-*ge*n-za	מגנצה
Madrid		מדריד
Moskau	mos-*kw*a	מוסקבה
München	m*i*n-ch'n	מינכן
Mekka		מכה
Mexiko		מקסיקו

Norwegen	norweg*ia*	נורבגיה
Nürnberg	n*i*rnberg	נירנברג
New York	niju jork	ניו יורק
Nizza	*nis*	ניס

| Syrien | s*ur*-ia | סוריה |
| Sibirien | si-bir | סיב עיראק יר |

| Irak | | עיראק |

Polen	po-*li*n	פולין
Phoenix	f*i*-niks	פיניקס
Florenz	f*i*-ren-ze	פירנצה
Prag		פראג

| Zürich | *zi*-rich | צוריך |

Quebec	*kwi*-bek	קוויבק
Korinth	ko-rin-*tos*	קורינתוס
Korsika		קורסיקה
Kiew	ki-*je*w	קייב
Köln	k*e*ln	קלן
Kanada		קנדה

Regensburg		רגנסבורג
Rosenheim		רוזנהיים
Rom	rom*a*	רומא
Rumänien	r*o*-ma-ni	רומני
Russland	ru-si-*ja*	רוסיה
Schweden		שוודיה
Stuttgart		שטוטגרט
Speyer		שפיר

Einige wenige Namen von Ländern weichen im Hebräischen völlig ab von den International heute gebräuchlichen Formen, da sie aus biblischen oder talmudischen Überlieferungen stammen, die (weit) älter sind, als die heutigen Namensgebungen, deren Ursprünge oft erst im Mittelalter liegen.

Indien	*ho-du*	הודו
Griechenland (Ionien)	*ja-wan*	יוון
Libyen	*luw*	לוב
Ägypten	*mitz-raim*	מצרים
China	*sin*	סין
Spanien	*sfarad*	ספרד
Frankreich	*zar-fat*	צרפת
Zypern	*ka-fri-sin*	קפריסין
Jemen	*te-man*	תימן

Übung mit biblischen Ortsnamen

Wenden wir uns wieder vertrautem Terrain zu. Durch die Popularität der Bibel wie auch aus der Berichterstattung der Medien über den sog. Nahen Osten sind viele geographische und historische Namen aus Israel und seiner Geschichte allgemein geläufig, wobei es auch hier wieder ab und an geringfügige oder gravierendere Abweichungen gibt.

Emmaus		אמאוס
Aschdod		אשדוד
Assyrien		אשור
Aschkelon		אשקלון

Beerschewa		באר שבע
Babylon	ba*wi*lon	בבילון
Babel	ba*we*l	בבל
Bethel, Beth El	bet-el	בית אל
Bethlehem	bet-le*ch*em	בית לחם
Bethania		בתניה
Betar		ביתר
Bet Shemesh		בית שמש

Gadera		גדרה
Galiläa	*ga-lil*	גליל
Jenin	dsche-nin	ג'נין
Gethsemane	g*a*t-**schman***im*	גת שמנים

Deganja		דגניה
Damaskus	da-ma-s*ek*	דמשק

Herzl-Berg	har-herzel	הר הרצל
Berg Karmel	har-ha-karmel	הר הכרמל

Armageddon	har-megido	הר מגידו
Berg Sinai	har-sinai	הר סיני
Berg Zion	har-zion	הר ציון
Herzliya		הרצליה
Berg Tabor	har-tabor	הר תבור

Hebron	*chew*-ron	חברון
Hadera	*cha*dera	חדרה
Hazor	*cha*sor	חצור
Haifa	*che*fa	חיפה
Aleppo	*cha*-lew	חאלב

| Tiberias | ti*w*erja | טבריה |
| Tulkarem | tul karem | טול כרם |

Jawne		יבנה
Yad Vashem		יד ושם
Judäa	je-hu-da	יהודה
Jaffa	ja-fo	יפו
Jordan	j*a*r-den	ירדן
Jerusalem	*je-ru-scha-la-jim*	ירושלים
Jericho		ירחו
Israel	*j*is-ra-el	ישראל

Genezareth	*ki*-ner-et	כנרת
Kfar Hanna	*kfar ch*ana	כפר חנה
Kapernaum	*kfar* na*ch*um	כפר נחום
Karmel		כרמל

| Lod (Lydda) | *lod* | לוד |

Meggido		מגידו
Mamre		ממרא
Massada	ma-*ts*a-da	מצדה

Nazareth	naz-r*a*t	נצרת

Sodom	*sd*om	סדום
Sinai	Si-n*ei*	סיני

Gaza	*a*-*s*a	עזה
En Gedi		עין גדי
Akko		עכו
Gomorrha	*a*-mo-ra	עמורה
Amman		עמאן
Afula		עפולה

Persien	*paras*	פרס
Euphrat	*frat*	פרת
Petach Tikva		פתח תקוה

Caesarea	ke-sar-*ja*	קיסריה

Ramat Gan		רמת גן

Samaria	*scho*m-r*on*	שומרון
Sichem (Nablus)	*sche*-chem	שכם

Tabor		תבור
Tel Aviv		תל אביב

Übung mit international gebräuchlichen Fremdwörtern

Mit geographischen und Personennamen ist die Liste bekannten Vokabulars noch vor Beginn eines Hebräisch-Sprachkurses noch lange nicht erschöpft, gibt es doch noch eine große Anzahl international gebräuchlicher Fremdwörter, die selbstverständlich auch Eingang ins moderne Hebräisch gefunden haben. Um uns also noch weiter an das Lesen (und Schreiben) der hebräischen Schrift zu gewöhnen werden wir uns noch eine kleine Auswahl zur Übung ansehen.

Evolution	ewolu*tzia*	אבולוציה
Egoismus	egois*em*	אגואיזם
Ozon	o*s*on	אוזון
Utopie	utop*ia*	אוטופיה
Etymologie	et*i*molog*ia*	אטימולוגיה
Inflation	infla*tzia*	אינפלציה
Atheismus	ate-is*em*	אתאיזם

Börse	burs*a*	בורסה
Bier	bir*a*	בירה
Bank (Institut)		בנק
Bronchitis		ברונכיטיס

Genetik	genetik*a*	גנטיקה
Globus		גלובוס
Grafik	grafik*a*	גרפיקה

Diskus		דיסקוס
Diskothek		דיסקוטק
Drama		דרמה

Humor		הומור
Hormon		הורמון
Harmonie	harmon*ia*	הרמוניה

Visa		ויזה
Walzer	wa*ls*	ולס

Typus	tipos	טיפוס
Taktik	ta*chsis*	טכסיס

Alkohol	*koho*l	כוהל
Chlor		כלור

Lyrik	*lirika*	ליריקה
Lexikon		לקסיקון

Magnet		מגנט
Million	mil-jon	מיליון
Milliarde	mil-ijard	מיליארד
Muslim	muslim*i*	מוסלמי
Manie	man*ia*	מאניה

Soja		סויה
Sozialismus	sozialis*em*	סוציאליזם
Satire	satir*a*	סאטירה
Seminar		סמינר

Planet	planet*a*	פלנטה
Provokateur	prowokat*or*	פרובוקטור
Prosa		פרוזה
Projekt		פרויקט

Prinzip		פרינציפ
Paranoia		פרנויה

Casino		קזינו
Kiosk		קיוסק
Känguru		קנגורו

Revue	rew-*j*u	רביו
Radio		רדיו
Roman		רומן
Rosmarin		רוזמרין
Republik	republik*a*	רפובליקה
Rezept		רצפט

Ein paar bereits bekannte hebräische Begriffe

Abba (Vater)	(aramäisch)	אבא
EL-AL	(israelische Fluglinie)	אל על
Amen	(= „okay")	אמן
Elohim	(Gott)	אלהים

| Halleluja | | הללויה |

| Chanucka | (Lichterfest im Dezember) | חנוכה |

Klezmer	kle-semer	כלי זמר
Knesset	(israelisches Parlament)	כנסת
Cherub	*kruw*	כרוב
koscher	kascher	כשר

Megila	(Schriftrolle)	מגילה
Midrasch	(Auslegung)	מדרש
Moloch		מולוך
Mossad	(Institut)	מוסד
Mesusa		מזוזה
Makkabi		מכבי
Mammon	(Besitz)	ממון
Menora	(Leuchter)	מנורה

| Suckot | (Laubhüttenfest) | סוכות |

| Uzi (Waffe) | usi | עוזי |

| Purim | (jüdischer Feiertag) | פורים |
| Pessach | (jüdisches Fest) | פסח |

Kaddisch	(Gebet)	קדיש
Kibbutz	(Siedlung)	קיבוץ

Schabbat	(Ruhetag)	שבת
schalom	(Gruß)	שלום
Schekel	(Währung)	שקל

Tora		תורה
Talmud		תלמוד

מִי

יכול לקרוא,

יש היתרון

Das Lesen jiddischer Texte

Neben Hebräisch und Aramäisch kommt das hebräische Alefbet vor allem bei der schriftlichen Wiedergabe der *jiddischen* Sprache zum Einsatz. Der Vorteil dabei ist, dass im Jiddischen anders als in sog. semitischen Sprachen Vokale ausgeschrieben werden – insofern es sich nicht um aramäische oder hebräische Fremdwörter handelt. Der Nachteil für den Anfänger besteht nun darin, dass das gesprochene Jiddisch vom schriftlichen zum Teil ganz erheblich abweichen kann, da Jiddisch sehr dialektgeprägt ist. Das freilich muss nicht verwundern, wenn man bedenkt, dass sich das frühere Sprachgebiet des Jiddischen vom Elsass bis fast zum Ural erstreckte und somit die am weitesten verbreitete Sprache in Europa war. Für jeden, der sich mit dem hebräischen Alefbet beschäftigen will ist es aber auf jeden Fall eine gute Übung, sich auch etwas mit dem Jiddischen zu beschäftigen, auch um verschiedene Sprachen die in der hebräischen Schrift notiert werden auch schon vom Schriftbild auseinanderhalten zu können. Deutschsprachige Studierende haben hier zudem den Vorteil der sich aus dem großen gemeinsamen Wortschatz der jiddischen und der deutschen Sprachen ergibt.

Sieben Vokale

Im Jiddischen gibt es nun sieben Vokale, die wie bereits, mit Buchstaben ausgeschrieben werden. Sehen wir uns also an, wie sie im Einzelnen notiert werden. Das Alef א dient als Buchstabe für zwei – freilich unterschiedlich gekennzeichnete – Vokale, etwa wie die deutschen Umlaute, die ein o zu einem ö machen.

A = אַ

Zur Wiedergabe des Vokals A dient der Buchstabe Alef, unter dem sich ein kleiner waagrechter Strich befindet.

Beispiele: דאַנק = Dank, זאָגן = sag'n, גאַסט = Gast, האַנט = Hant (= Hand)

O = אָ

Auch für die Abbildung des Selbstlauts O wird das Alef verwendet, auch dieses Mal unterstrichen, jedoch deutlich unterscheidbar durch die senkrechte Linie nach unten in der Mitte des Striches.

Beispiele: וואָרט = Wort, נאָדל = Nodl (= Nadel), נאָז = Nos (= Nase)

U = ו

Mit dem Buchstaben Waw ו wird im Jiddischen der Vokal U notiert. Ein doppeltes וו hingegen drückt keinen Vokal aus, sondern wie bereits erläutert das W, ein Einfluss, der sich übrigens aus dem Jiddischen ins moderne Hebräisch bei der Transkription von Fremdwörtern und Namen eingeschlichen hat. Befindet sich das U im Anlaut, wird dem ו ein Alef vorangestellt, da man ansonsten das Zeichen als ein V lesen würde.

Beispiele: בוך = Buch, און = un (= und), אונדז = unds (= uns), זוכן = such'n

I = י

Der Vokal i wird durch den hebräischen Buchstaben Jud dargestellt. Befindet sich der Vokal im Anlaut, wird auch hier wieder ein Alef vorangestellt, da man andernfalls ein J anstelle eines i lesen müsste.

Beispiele: די = die, בילד = Bild, ביר = Bier, אין = in, איך = ich, קינד = Kind

E = ע

Der Vokal E wird stets mit dem Buchstaben Ain wiedergegeben.

Beispiele: דער = der, נעמען = nemen (= nehmen), בעט = Bet (= Bett)

Diphthonge:

kennen, dort aber für Fremdsprachler oft zum Haare raufen sehr kompliziert, weil völlig unterschiedlich geschrieben werden.

Nehmen wir einen Satz wie *„Stoiber äußert sich zu Europa"*, so haben wir in ihm gleich drei unterschiedliche Schreibweisen für den selben Laut: oi – äu – eu. Verbindliche Regeln dafür? Fehlanzeige.

ÄU – EU – OI = וי

Was sich im Deutschen in drei Varianten schreiben lässt, wird im Jiddischen stets mit Waw-Jud וי dargestellt, es sei denn, dass es sich um einen Anlaut handelt, denn dann wird auch hier wieder ein Alef vorangestellt, da man ansonsten *vi* lesen müsste.

Beispiele: לויפער = Loifer (Läufer), אויף = oif (auf), טויזנט = toisent (tausend)

AI, AY, EI, EY = יי

Zur Umschreibung der vier deutschen "ai"-Laute verwendet man im Jiddischen das Doppel-Jud יי, dass sich, wie bereits erwähnt aus zwei *ii* zusammensetzt, ähnlich wie das *ij* im Niederländischen. Ausnahme sind Worte, die in welchem das doppelte jj als ja gelesen werden muss, wie etwa beim Wort יינגל = Jingl (Junge). Tatsächlich handelt es sich hier um keine wirkliche Ausnahme von der Regel, sondern um eine Nachlässigkeit, da in der Punktierung *unterhalb* des zweiten י-Buchstabens der einzelne i-Punkt, der üblicherweise den i-Laut in punktierten hebräischen Texten anzeigt, weggelassen wird. In manchen Schreibweisen wird nicht zuletzt deshalb auch statt „Jidisch" (jüdisch) auch „Idisch" geschrieben, jedoch konnte sich diese Schreibweise nicht allgemein durchsetzen. Ansonsten gilt aber auch hier, im Anlaut wieder ein Alef vorangestellt, also als איי.

<u>Beispiele</u>: מייל = Meil(e), טייג = Teig, צייט = Zeit, איינס = eins, אייז = Eis

Jiddische Leseübung

Da uns die Konsonanten nun doch bereits etwas vertraut geworden sind und sie gewöhnlich wie im Deutschen gesprochen werden, können wir uns nun ein paar jiddische Vokabeln ansehen. Unsere Auswahl enthält dabei selbstverständlich nur Begriffe, die in der deutschen Sprache wenigstens weitgehend identisch sind. Es gibt natürlich sehr viele Begriffe, wo das *nicht* der Fall ist.

eindeutschen (= erklären)	*ain*-*tai*tsch'n	אײנטײיטשן
einstudieren	ain-schtu-dirn	אײנשטודירן
entdecken	ɑntdeken	אַנטדעקן
Bad		באַד
Brand		בראַנד
Brust		ברוסט
gut		גוט
gleich		גלײַך
Dezember		דעצעמבער
dreißig		דרײַסיק
drücken	drik'n	דריקן
Hallo, hello	hello	העלא
wieviel	wi fil, wifl	װי פיל
witzig	witzi*k*	װיציק
wer		װער
sagen	sog'n	זאָגן
Sattel	sot'l	זאָטל
sitzen	sitz'n	זיצן
Semmel	seml	זעמל
Tag	tog	טאָג
tanzen		טאַנצן
Treffen		טרעפן
Joch		יאָך
Jahr	jor	יאָר

Lügner	ligner	ליגנער
Lied		ליד
Licht		ליכט
Mandel		מאַנדל
Mandelbaum	mandlboim	מאַנדלבוים
Milch		מילך
Nacht		נאַכט
nachmachen	nachmochen	נאָכמאַכן
nicht		נישט
ähnlich		ענלעך
Ärger (schlimmer)		ערגער
irdisch	erdisch	ערדיש
platzen	plads'n	פּלאַצן
vorbei (verpasst)	farbai	פֿאַרביי
putzen		פּוצן
Vieh	fich	פֿיך
Pedal		פּעדאַל
Pelikan		פּעליקאַן
Zwiebel	zibele	ציבעלע
zittern		ציטערן
Zement		צעמענט
kommen	kumen	קומען
Knopf	knepl	קנעפּל
Richter		ריכטער
retten		רעטן
Recht		רעכט
Reklame		רעקלאַמע
schwarz		שוואַרץ
Schweiß		שווייס
Schuster		שוסטער
Stube	stibl	שטיבל
Stimmzettel		שטימצעטל
stricken		שטריקן
schämen		שעמען
Spital		שפּיטאָל

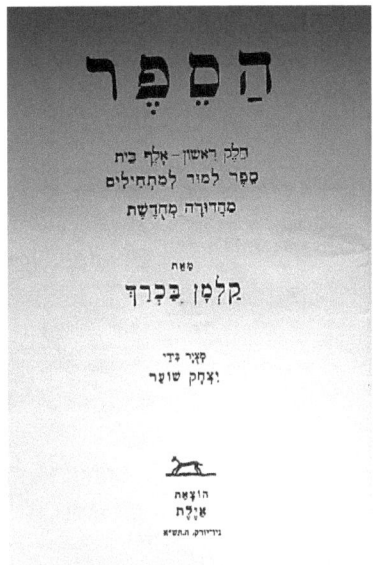

Sefer Alef Bet – ein Lehrbuch von **Kalman Bacherach, New York 1941**,
mit dem mein Vater Elijahu damals Hebräisch gelernt hat

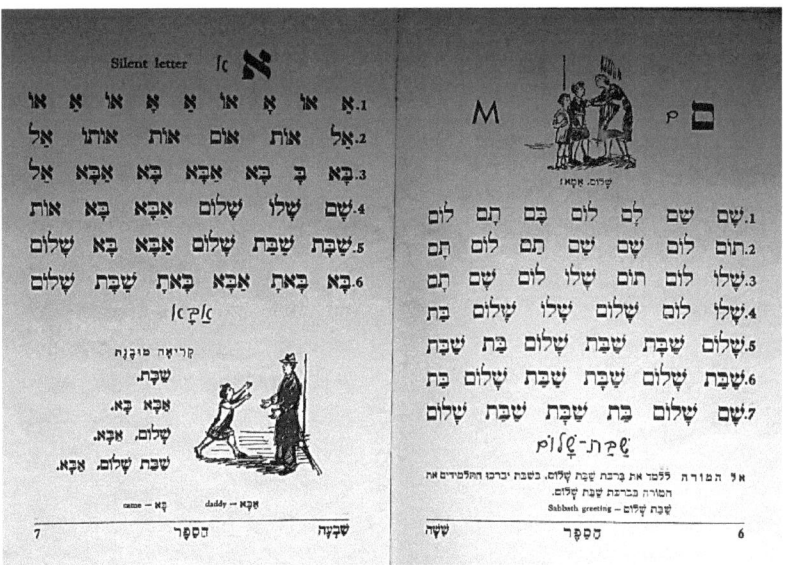

קלמן בכרך - ספר אלף-בית

Verschiedene Sprachen in hebräischer Schrift erkennen

Wer die bisherigen Übungen nachvollzogen hat, wird durchaus dazu in der Lage sein, mit der hebräischen Schrift einigermaßen zurechtzukommen. Vielleicht auch schon so gut, um zu erkennen, ob es sich bei einem in hebräischen Buchstaben geschriebenen Text um einen jiddischen, einen aramäischen oder eben hebräischen Text handelt.

Auch in der lateinischen Schrift werden ja ganz verschiedene Sprachen geschrieben und wenn man ausreichend vertraut damit ist, erkennt man meist recht schnell, ob es sich um einen finnischen, spanischen, türkischen, englischen, deutschen oder lateinischen Text handelt.

Warum? Weil jede Sprache ihre charakteristischen Eigenheiten wie Groß- und Kleinschreibung, Umlaute, zusätzliche Buchstaben und dergleichen hat.

Da man allgemein damit vertraut ist, klappt es mit den bekannten Sprachen meist auf Anhieb. Folglich wäre es gut, das auch mit Sprachen hinzubekommen, die in hebräischen Lettern notiert werden.

Wir betrachten zunächst einmal drei kurze Texte und sehen sie uns auf ihre Schreibweisen und Charakteristika, um anhand markanter Eigenheiten zu bestimmen, um welche Sprache es sich jeweils handelt.

Text 1:

אלה הדברים אשר דבר משה אל כל ישראל בעבר הירדן במדבר בערבה מול סוף בין פארן ובין תפל ולבן וחצרת ודי זהב

Text 2

אלין פתנמיא די מליל משה עם כל ישראל בעברא דירדנא אוכח יתהון על דחבו במדברא לקבל ים סוף בפארן דאתפל על מנא ובחצרות דארניזו על בשרא ועל דעבדו דדהב

Text 3

דאָס זייַנען די ווערטער וואָס משה האָט גערעדט צו גאַנץ ישראל אויף יענער זייט פון ירדן אין דער מדבר אין דעם פלויין קעגענאיבער דעם ים סוף צווישען פארן אונד צווישען תופל אונד לבן אונד חצורות אונד די זהב

Alle drei Texte geben den ersten Vers des fünften Moses-Buches wieder, das christliche Theologen „Deuteronomium" nannten und in der jüdischen Überlieferung ספר דברים (sefer dwarim) heißt. Im direkten Vergleich der drei Verse fällt sicher sogleich auf, dass der erste Text gegenüber den beiden anderen deutlich kürzer ist. Das ist der hebräische Text. Der zweite ist der aramäische und der letzte Text ist die jiddische Übersetzung desselben Bibelverses.

Derr hebräische Text benötigt 22 Wörter und 81 Buchstaben, der aramäische braucht 29 Wörter und 116 Buchstaben, während es der jiddische Text auf 38 Wörter und 162 Buchstaben bringt und damit ungefähr dem entspricht, was es auch für die deutsche Übersetzung bedarf. Deutlich kürzer gerät wie man sieht der hebräische Originaltext, der nur halb so viele Zeichen benötigt.

Schaut man sich das Schriftbild noch etwas genauer an, stellt man fest die Mehrheit der hebräischen Wörter mit zwei, drei, vier oder fünf Buchstaben relativ kurz sind. Schon das Aramäische ist um einiges länger. Sehr charakteristisch für das Erscheinungsbild der Sprache sind vor allem die häufig am Wortende anzutreffenden Alef-Zeichen א was im Hebräischen eher selten vorkommt. Im obigen Texte haben wir hebräisch במדבר (ba'midbar = in der Wüste) und aramäisch dasselbe als במדברא (ba'madbra).

Das Jiddische nun ist auch deshalb fast doppelt so lang – auch was die Länge einzelner Wörter anbetrifft – weil es eben die Vokale ausschreibt. Sehr typisch sind hier die א mit den Unterlinien אַ אָ und die häufigen Ain ע als Umschreibung für den e-Laut (der häufigste Vokal auch im Deutschen). Auffällig sind dann natürlich aber auch Kombinationen wie אוי (oi) oder איי (ai), die in den anderen Sprachen so eher selten vorkommen können.

So lassen sich Hebräisch, Jiddisch und Hebräisch dann doch relativ leicht vom Schriftbild unterscheiden, was auch insofern hilfreich ist, als das ab und an immer wieder mal Wörter aus den anderen Sprachen in einer vorkommen. Auch im Deutschen ist es ja völlig normal griechische Wörter (deren Herkunft beispielsweise durch ein y statt einem i, durch ein ph statt f, beides im Wort Physik (Fisik), französische mit Akzentzeichen und dergleichen zu integrieren.

Die Entwicklung des hebräischen Alefbets

Name des Buchstaben	Paleo-Hebräisch	Klassische Quadratschrift	Kursive Handschrift	Moderne Typen
Alef	✦	א	lc	א
Bett	◁	ב	ב	ב
Gimmel	∧	ג	ל	ג
Dalet	◿	ד	₹	ד
He	∃	ה	ה	ה
Waw	Y	ו	/	ו
Sain	I	ז	ς	ז
Chett	⊟	ח	ʌ	ח
Tett	⊗	ט	ι	ט
Jud	∿	י	'	י
Kaff	⅄	כ	⊃	כ
Lamed	ↇ	ל	ʃ	ל
Memm	⋈	מ	N	מ
Nunn	५	נ	ɹ	נ
Samech	⧧	ס	O	ס
Ain	o	ע	४	ע
Pe	ʔ	פ	∂	פ
Zadi	٣	צ	3	צ
Kuff	Φ	ק	↑	ק
Resch	◁	ר	∩	ר
Schinn	w	ש	e	ש
Taw	✕	ת	↗	ת

Etwas Hebräisch zum Abschluss

Oder zum Anfang. Am besten mit einem guten Hebräisch-Kurs. Wie für viele andere Sprachen gibt es dafür bei YouTube schon eine ganze Reihe, recht guter und zwar gratis. Am besten begrenzt man sich beim Sprachlernen nicht auf eine Quelle, da die gesprochene Sprache ja auch mit verschiedenen Leuten sprechen wird und die gelesen von verschiedenen Autoren. Einfach auch mal Google ausprobieren auf Hebräisch oder jedes beliebige Thema auf der hebräischen oder jiddischen Wikipedia-Seite.

Hebräisch-Sprachbücher sind meist teuer, oft verquast und wohl weil man meint, überkorrekt sein zu müssen, sodann bestenfalls umständlich.

Hier nun also noch ein paar hebräische Vokabeln. Zum Anfangen.

ברכה ושלום מזל טוב

Schüler	talmid	תלמיד
Lehre	talmud	תלמוד
Buch	sefer	ספר
Sprache	safa	שפה
ich	a-ni	אני
Ich lerne (Mann)	a'ni lo'med	אני לומד
Ich lerne (Frau)	a'ni lo'medet	אני לומדת
Hebräisch	iv-rit	עברית
jeden	koll	כל
Tag	jomm	יום
jeden Tag	Koll jomm	כל יום
gut	tow	טוב
ich bin ein guter Schüler	a'ni talmid tow	אני תלמיד טוב
Ich bin eine gute Schülerin	a'ni talmida towa	אני תלמידה טובה
Das Buch ist gut	ha-sefer tow	הספר טוב
schnell	ma-her	מהר

Ich lerne schnell	a'ni lomed ma-her	אני לומד מהר
mein	sche'li	שלי
mein Buch	ha-sefer sche-li	הספר שלי
Ich lese (Mann)	a'ni kore	אני קורא
Ich lese (Frau)	a'ni kora	אני קורא
Ich lese das Buch	a'ni kore *et* ha-sefer	אני קורא את הספר
Ich schreibe (m.)	a'ni kotew	אני כותב
Ich schreibe (f.)	a'ni kotewet	אני כותבת
jeden Tag	koll jomm	כל יום
Hebräisch	iv-rit	עברית
Name	schemm	שם
mein Name = David	schmi da'vid	שמי דוד
Mein Name = Erika	schmi erika	שמי אריקה
ich bin aus Prag	a'ni mi-prag	אני מפראג
Ich bin aus Köln	a'ni mi-keln	אני מקלן
Hallo, schalom	schalom	שלום
Wie geht's? (an M.)	ma schlom'cha ...?	מה שלומך ...?
Wie geht's (an Frau)	ma schlo'mech ...?	מה שלומך ...?
Ich bin okay	a'ni ba'seder	אני בסדר
danke	to'da	תודה
Vielen Dank	to'da ra'ba	תודה רבה
Alles Gute!	koll tuw	כל טוב
Viel Glück!	ma'sal tow	מזל טוב
guter Schüler	talmid tow	תלמיד טוב
gute Schülerin		תלמידה טובה
Bye bye	bai bai	ביי ביי

Auswahl anderer Schriften vom selben Autor

„666 die Zahl des Menschen – das Mysterium der Apokalypse im Spiegel jüdischer Geschichte", Februar 2016

„Karel Capeks Rossum Universal Robots (RUR) – neu übersetzt und aktualisiert", März 2016

„Der Dybbuk von Kriegshaber", in: Schwabenspiegel, Jahrbuch für Literatur, Sprache und Spiel), Mai 2016. Herausgegeben von Uni Augsburg (Prof. Klaus Wolf), Wissner-Verlag, Mai 2016

„Der jüdische Friedhof von Binswangen, Hintergründe, Fotos, Grabstein-Inschriften, Familiengeschichten / The Jewish Cemetery of Binswangen, Background, Photos, Grave Marker Inscriptions, Family History", (Deutsch + English) Mai 2016

„Der Bundestag zu Augsburg – das Ende des Deutschen Bundes im Sommer 1866", Juli 2016

„Das Haus der drei Sterne, die Geschichte des jüdischen Friedhofs von Pfersee, Kriegshaber und Steppach bei Augsburg, in Österreich, Bayern und Deutschland", erweiterte Neuauflage mit Friedhofsregister und Grabsteininschriften, November 2016

„Humor, Wucher, Weltverschwörung – die geläufigsten Vorurteile gegenüber Juden und was es mit diesen auf sich hat", März 2017

„Beiträge zur jüdisch-deutschen Sprachgeschichte, mit etymologischen Wörterbuch jüdischer Wörter in der deutschen Hochsprache", August 2017

„Mord am Lech, ein jüdisch-bayrischer Kriminalfall aus dem Jahre 1862", 2. Auflage, August 2017

„Buch der Wortungen - kleines etymologisches Wörterbuch für alle, denen Bildung auf Dauer nicht genug ist", 2. Auflage, August 2017

55

שְׁמַע יִשְׂרָאֵל יְדֹוָה אֱלֹהֵינוּ יְדֹוָה אֶחָד וְאָהַבְתָּ אֵת
יְדֹוָה אֱלֹהֶיךָ בְּכָל לְבָבְךָ וּבְכָל נַפְשְׁךָ וּבְכָל מְאֹדֶךָ וְהָיוּ
הַדְּבָרִים הָאֵלֶּה אֲשֶׁר אָנֹכִי מְצַוְּךָ הַיּוֹם עַל לְבָבֶךָ וְשִׁנַּנְתָּם
לְבָנֶיךָ וְדִבַּרְתָּ בָּם בְּשִׁבְתְּךָ בְּבֵיתֶךָ וּבְלֶכְתְּךָ בַדֶּרֶךְ
וּבְשָׁכְבְּךָ וּבְקוּמֶךָ וּקְשַׁרְתָּם לְאוֹת עַל יָדֶךָ וְהָיוּ לְטֹטָפֹת
בֵּין עֵינֶיךָ וּכְתַבְתָּם עַל מְזוּזוֹת בֵּיתֶךָ וּבִשְׁעָרֶיךָ
וְהָיָה אִם שָׁמֹעַ תִּשְׁמְעוּ אֶל מִצְוֹתַי אֲשֶׁר אָנֹכִי
מְצַוֶּה אֶתְכֶם הַיּוֹם לְאַהֲבָה אֶת יְדֹוָה אֱלֹהֵיכֶם וּלְעָבְדוֹ
בְּכָל לְבַבְכֶם וּבְכָל נַפְשְׁכֶם וְנָתַתִּי מְטַר אַרְצְכֶם בְּעִתּוֹ
יוֹרֶה וּמַלְקוֹשׁ וְאָסַפְתָּ דְגָנֶךָ וְתִירֹשְׁךָ וְיִצְהָרֶךָ וְנָתַתִּי
עֵשֶׂב בְּשָׂדְךָ לִבְהֶמְתֶּךָ וְאָכַלְתָּ וְשָׂבָעְתָּ הִשָּׁמְרוּ לָכֶם
פֶּן יִפְתֶּה לְבַבְכֶם וְסַרְתֶּם וַעֲבַדְתֶּם אֱלֹהִים אֲחֵרִים
וְהִשְׁתַּחֲוִיתֶם לָהֶם וְחָרָה אַף יְדֹוָה בָּכֶם וְעָצַר אֶת
הַשָּׁמַיִם וְלֹא יִהְיֶה מָטָר וְהָאֲדָמָה לֹא תִתֵּן אֶת יְבוּלָהּ
וַאֲבַדְתֶּם מְהֵרָה מֵעַל הָאָרֶץ הַטֹּבָה אֲשֶׁר יְדֹוָה נֹתֵן לָכֶם
וְשַׂמְתֶּם אֶת דְּבָרַי אֵלֶּה עַל לְבַבְכֶם וְעַל נַפְשְׁכֶם וּקְשַׁרְתֶּם
אֹתָם לְאוֹת עַל יֶדְכֶם וְהָיוּ לְטוֹטָפֹת בֵּין עֵינֵיכֶם וְלִמַּדְתֶּם
אֹתָם אֶת בְּנֵיכֶם לְדַבֵּר בָּם בְּשִׁבְתְּךָ בְּבֵיתֶךָ וּבְלֶכְתְּךָ
בַדֶּרֶךְ וּבְשָׁכְבְּךָ וּבְקוּמֶךָ וּכְתַבְתָּם עַל מְזוּזוֹת בֵּיתֶךָ
וּבִשְׁעָרֶיךָ לְמַעַן יִרְבּוּ יְמֵיכֶם וִימֵי בְנֵיכֶם עַל הָאֲדָמָה
אֲשֶׁר נִשְׁבַּע יְדֹוָה לַאֲבֹתֵיכֶם לָתֵת לָהֶם כִּימֵי הַשָּׁמַיִם
עַל הָאָרֶץ

Mesusa Text mit „Höre Israel"-Gebet

מזוזה עם תפילת שמע ישראל

Yehuda Shenef

Praktische Einführung in die hebräische Schrift

schnell Hebräisch lesen und schreiben lernen an Hand geläufiger, schon vor dem Sprachstudium bekannter Namen und Vokabeln mit Tabellen und Erläuterungen zum Hebräischen und Jiddischen

Printed in Germany

ISBN: 9783752860153

Herstellung und Verlag: BoD- Books on Demand, Norderstedt

MIX
Papier aus verantwortungsvollen Quellen
Paper from responsible sources
FSC® C105338